I Am

Illustrated by Clive Taylor

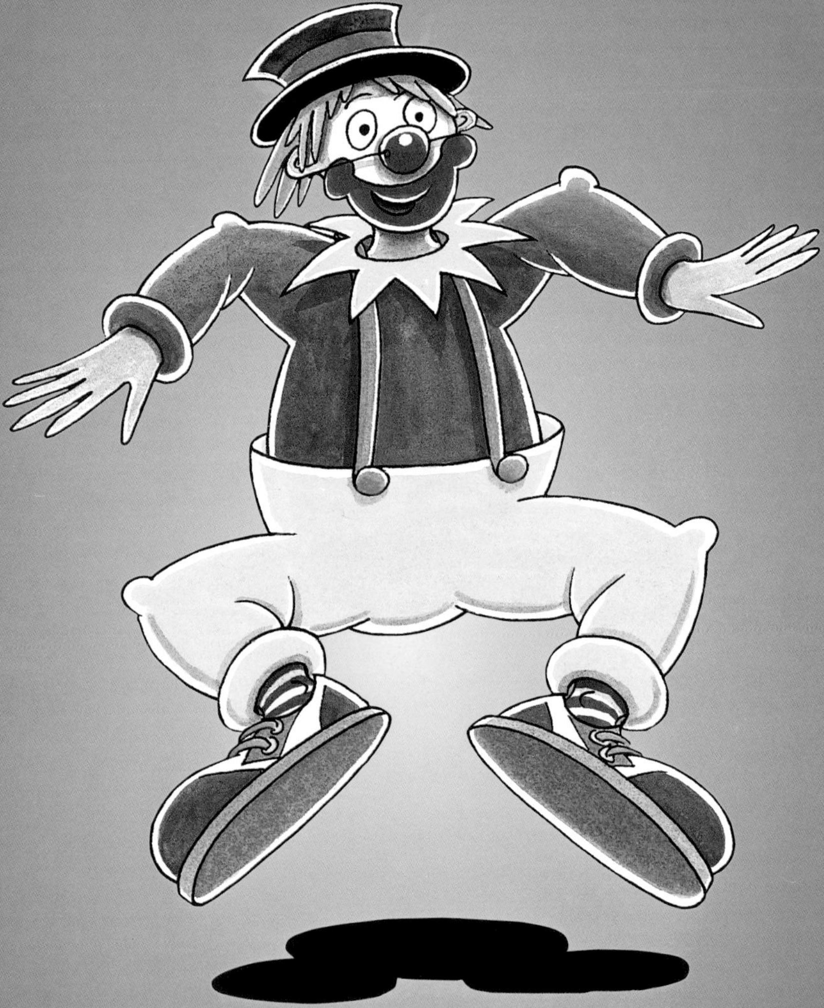

I am jumping.

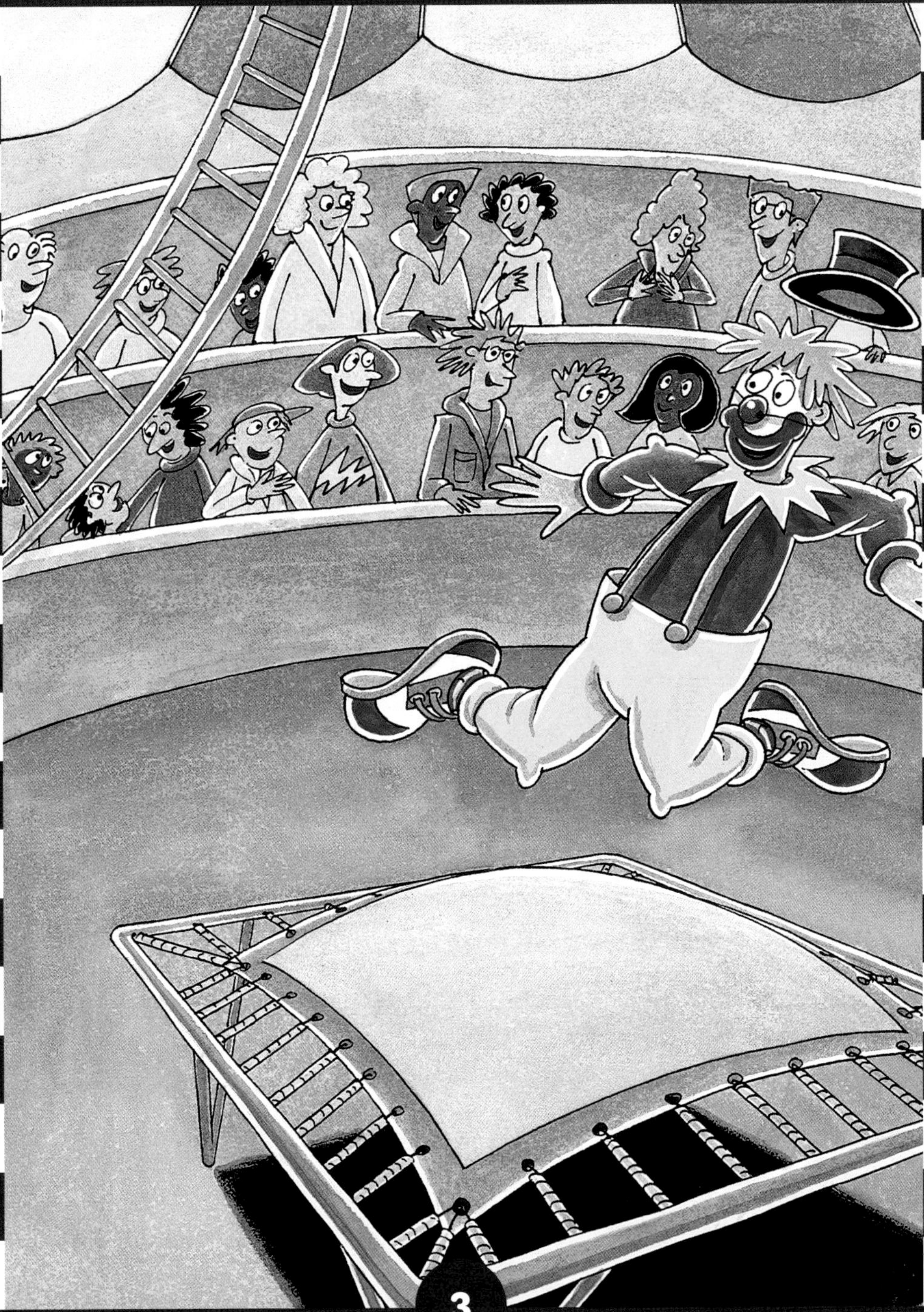

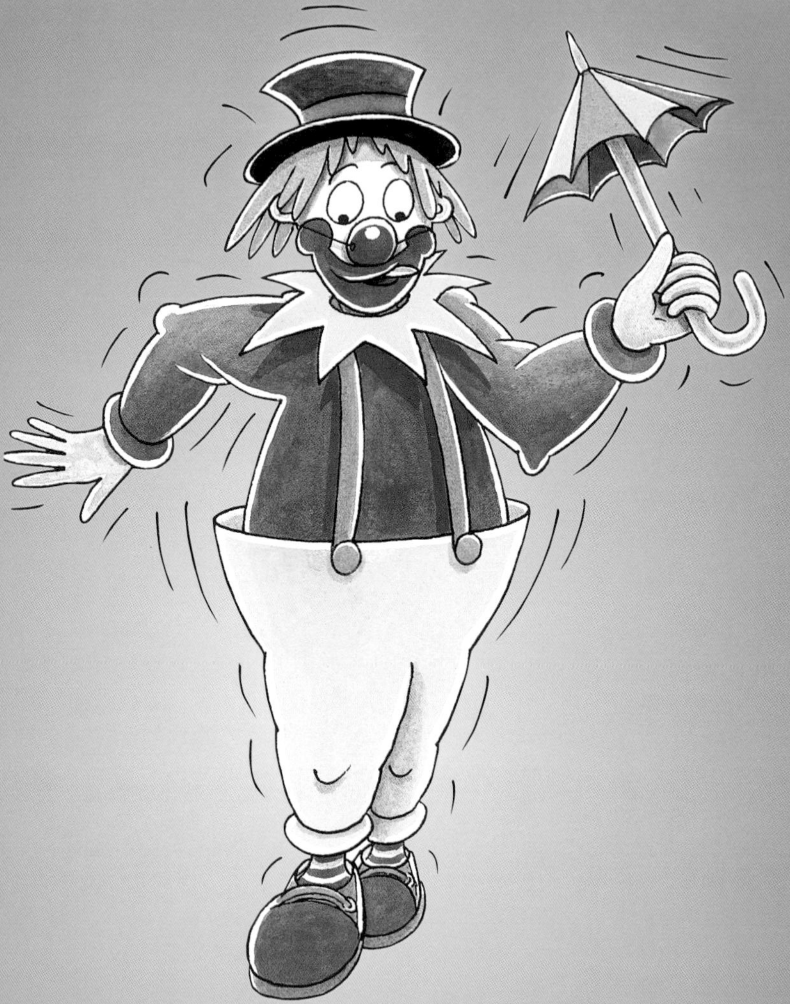

I am walking.

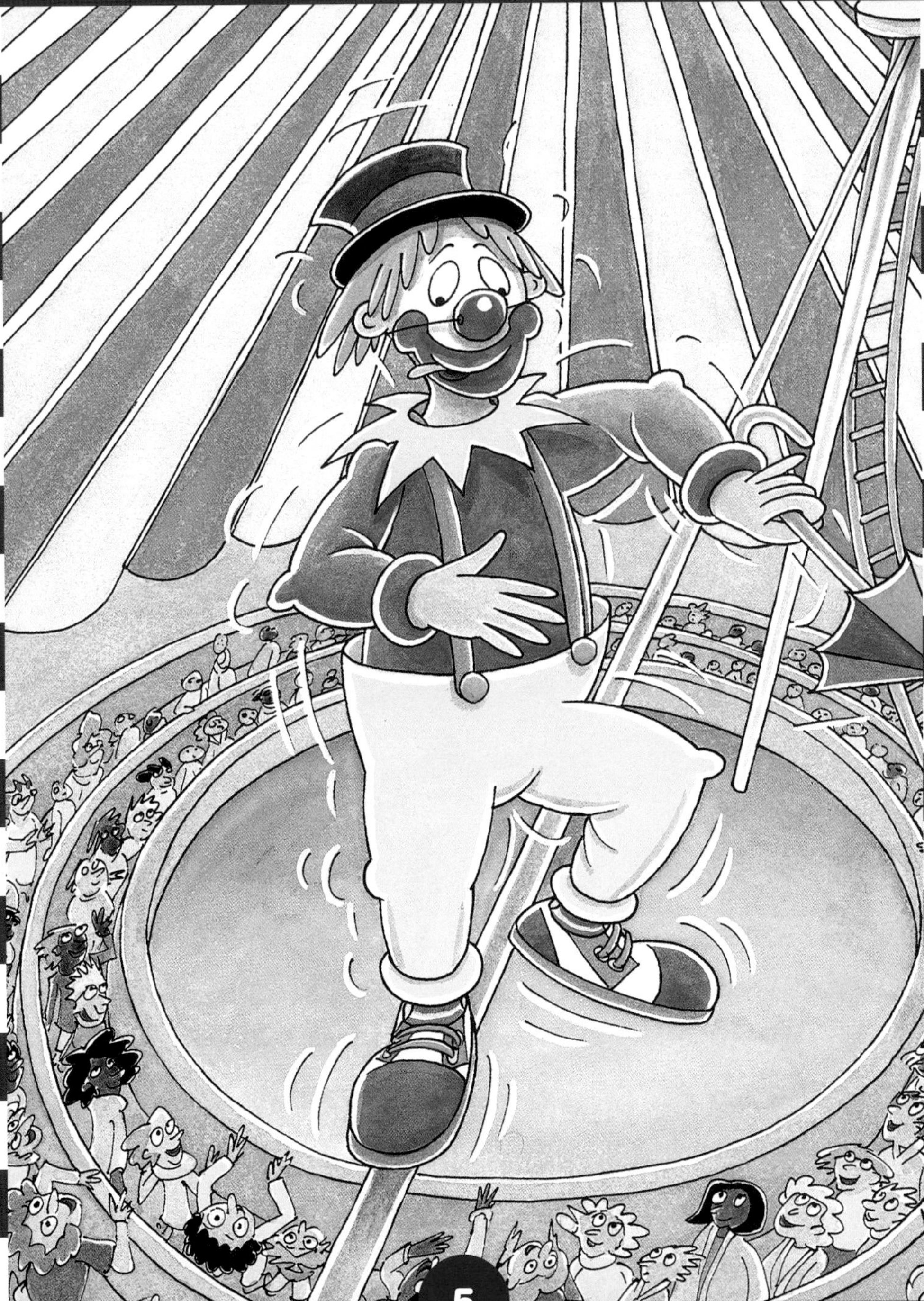

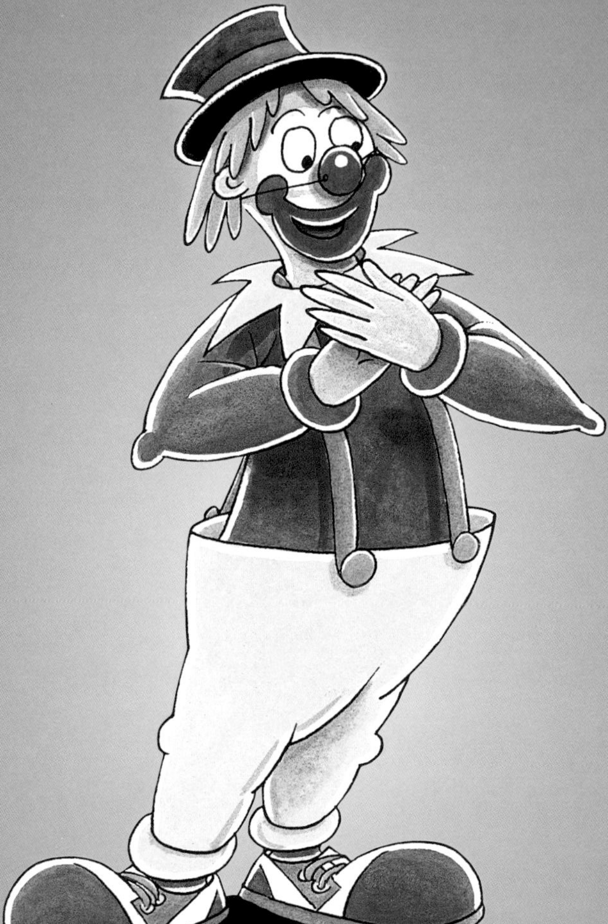

I am clapping.

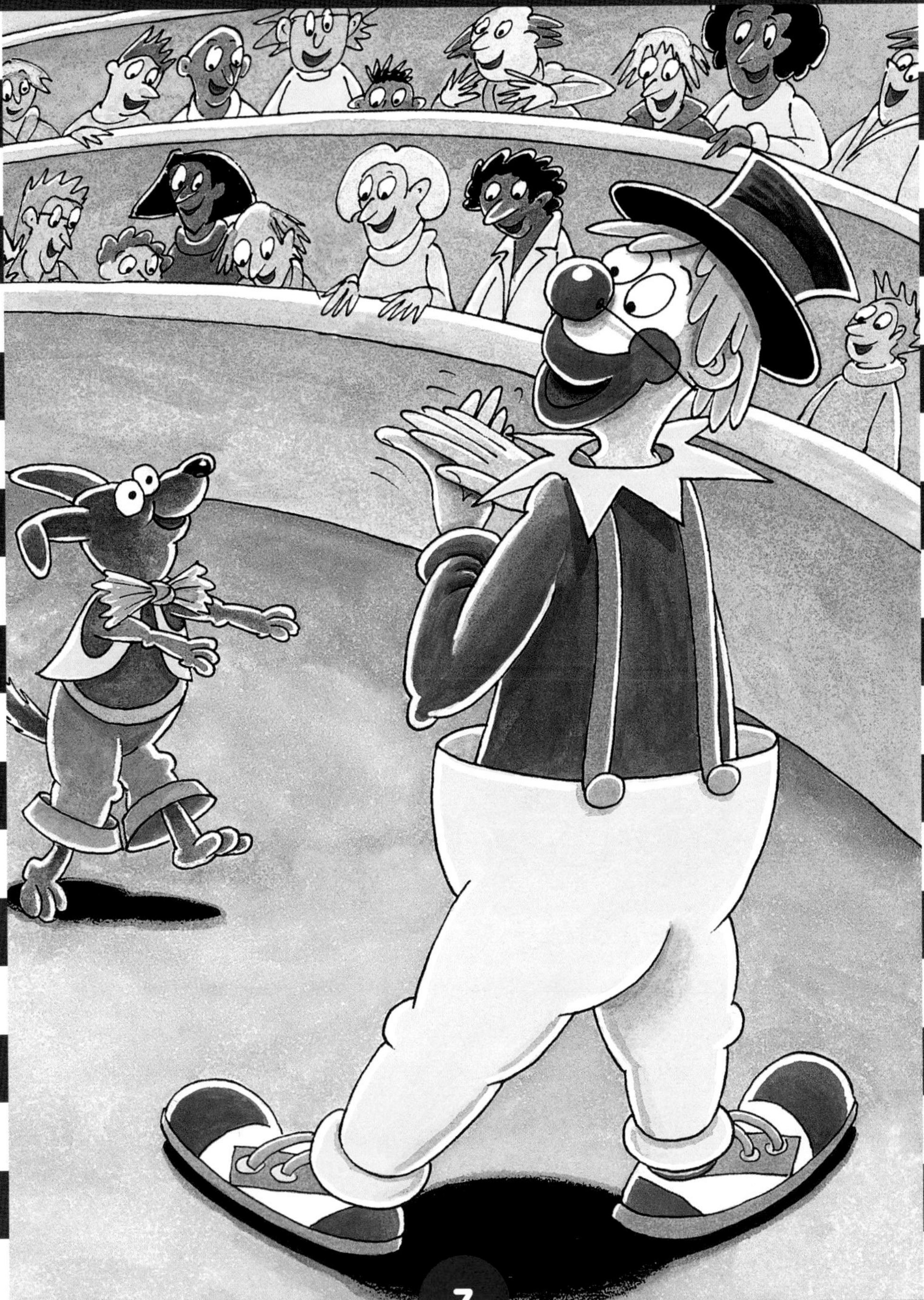

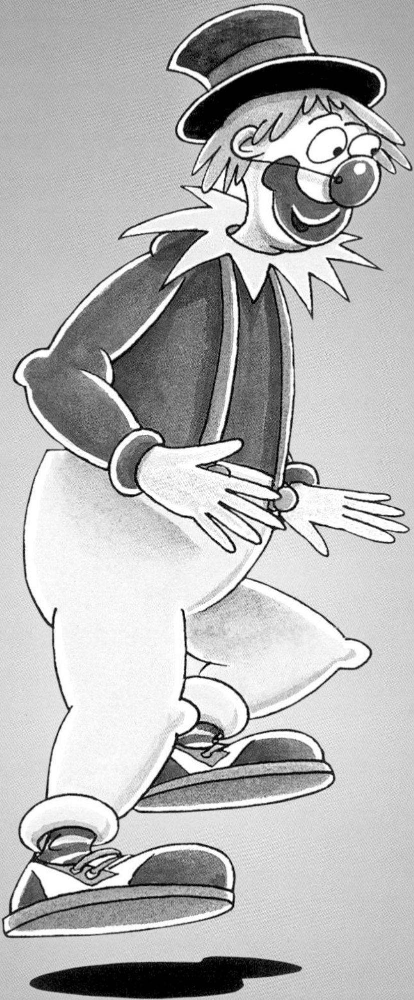

I am hopping.

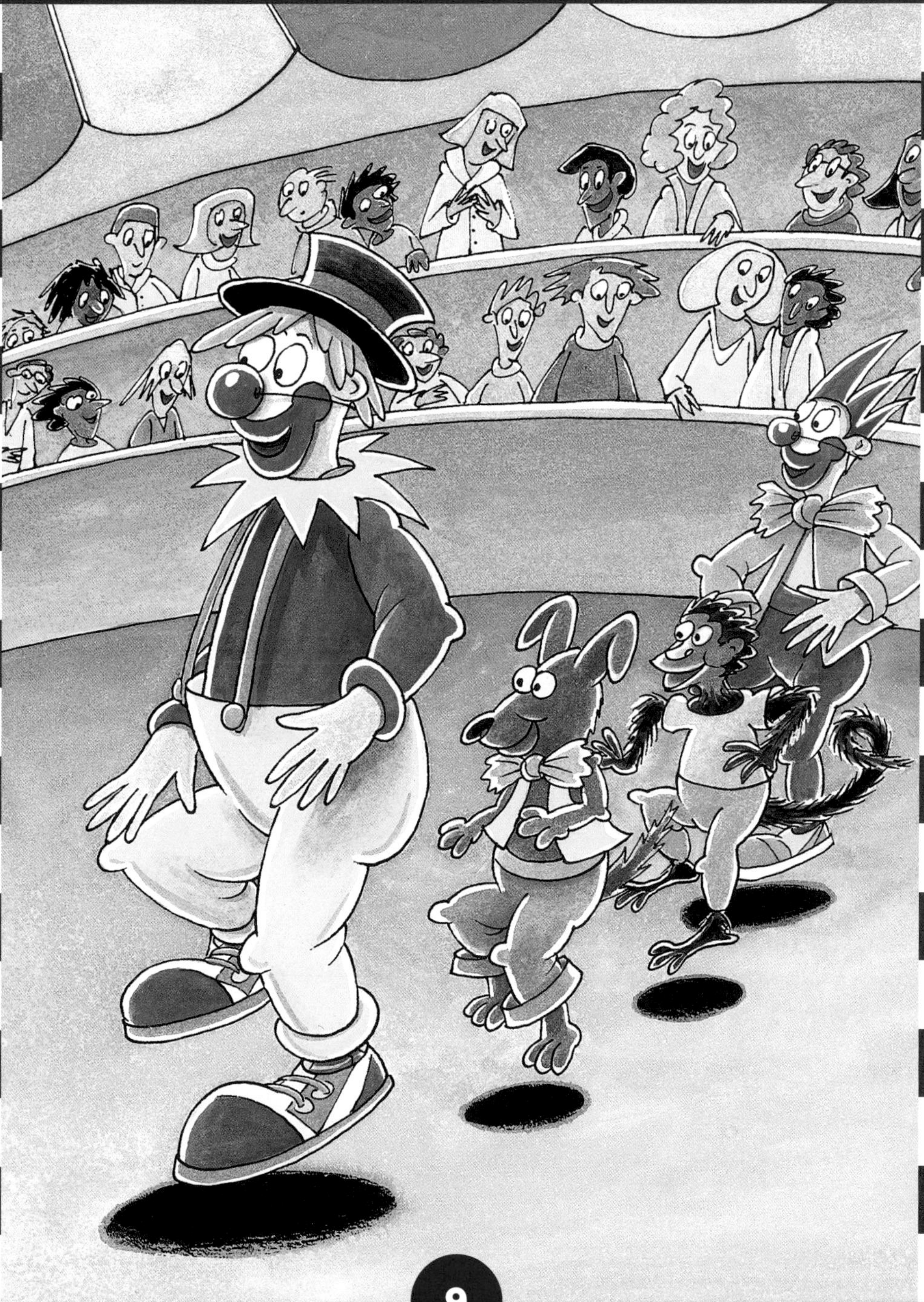

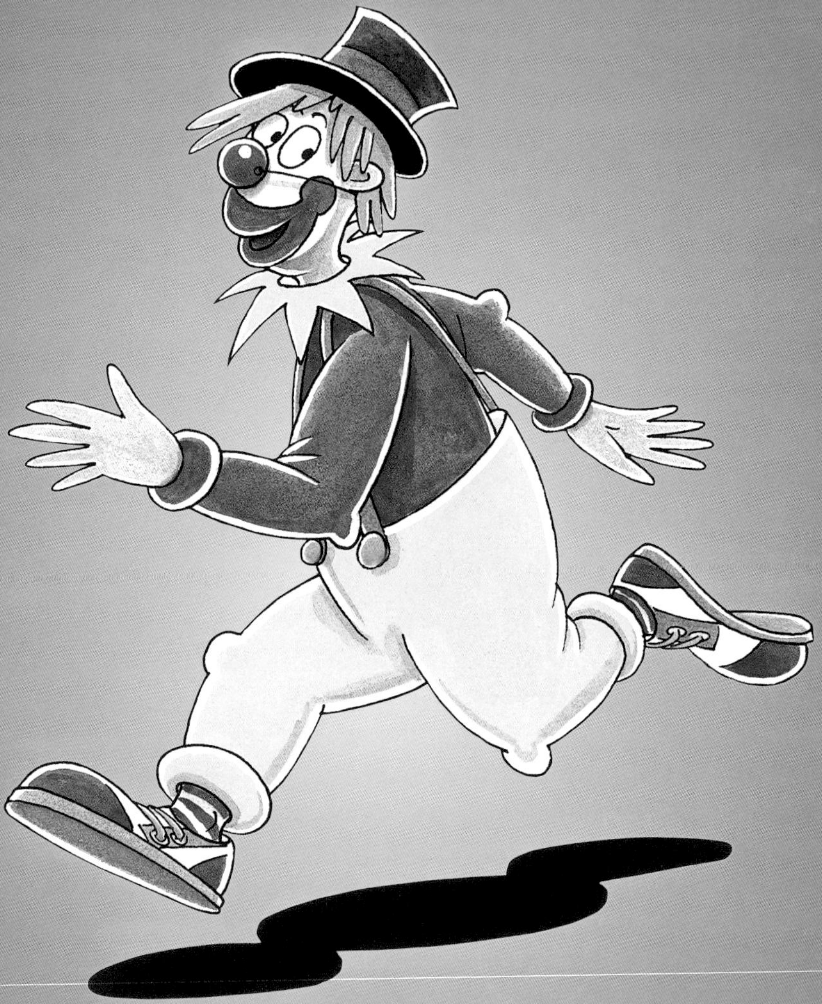

I am running.

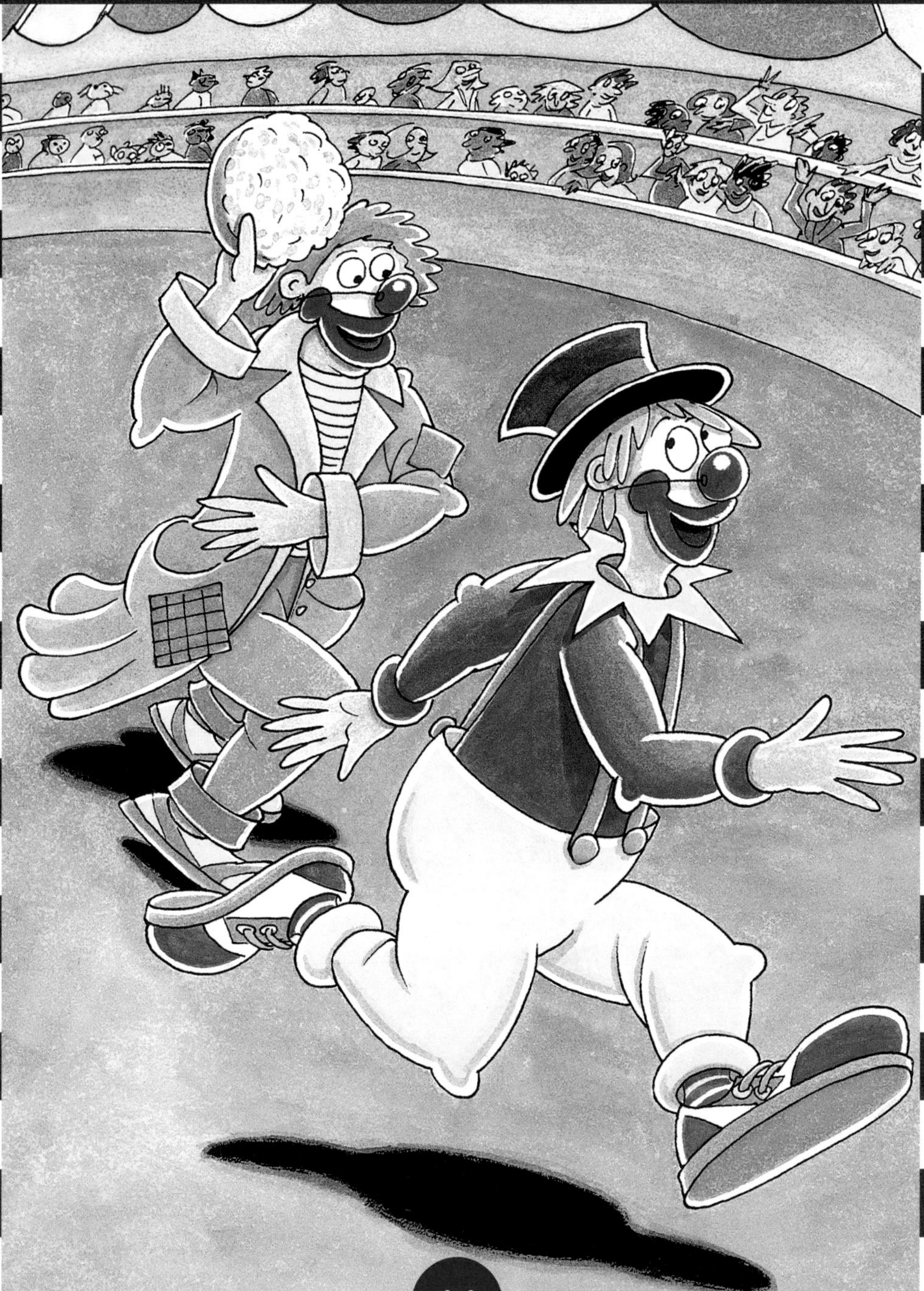

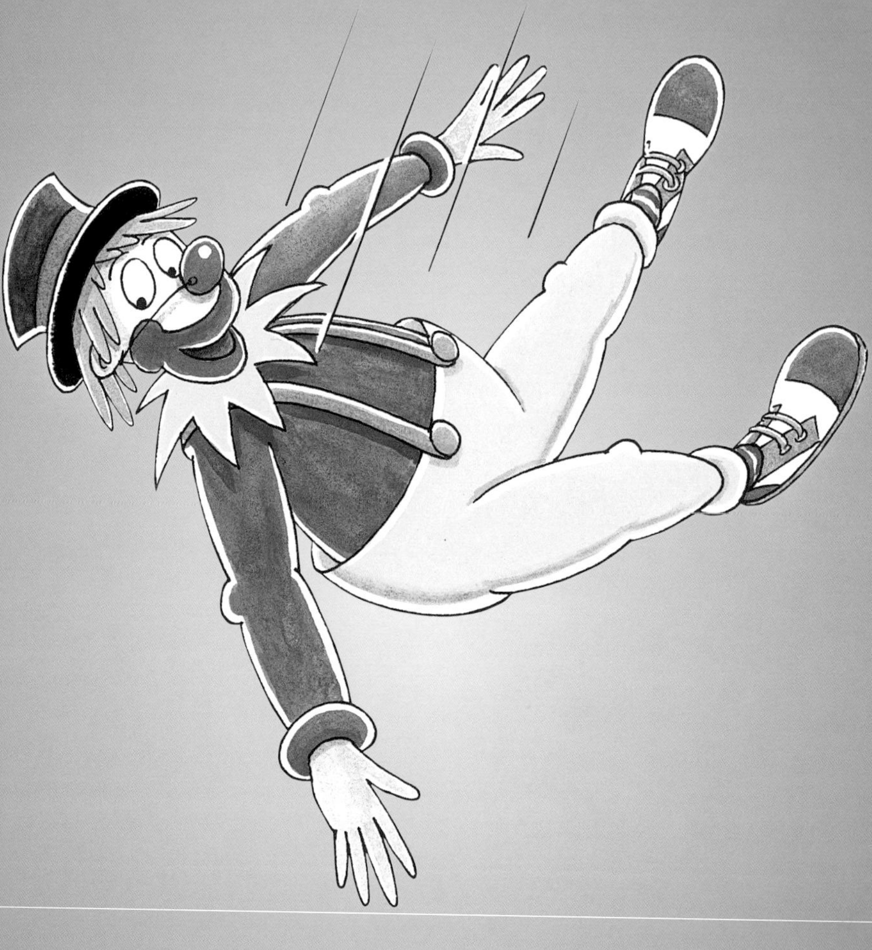

I am falling.

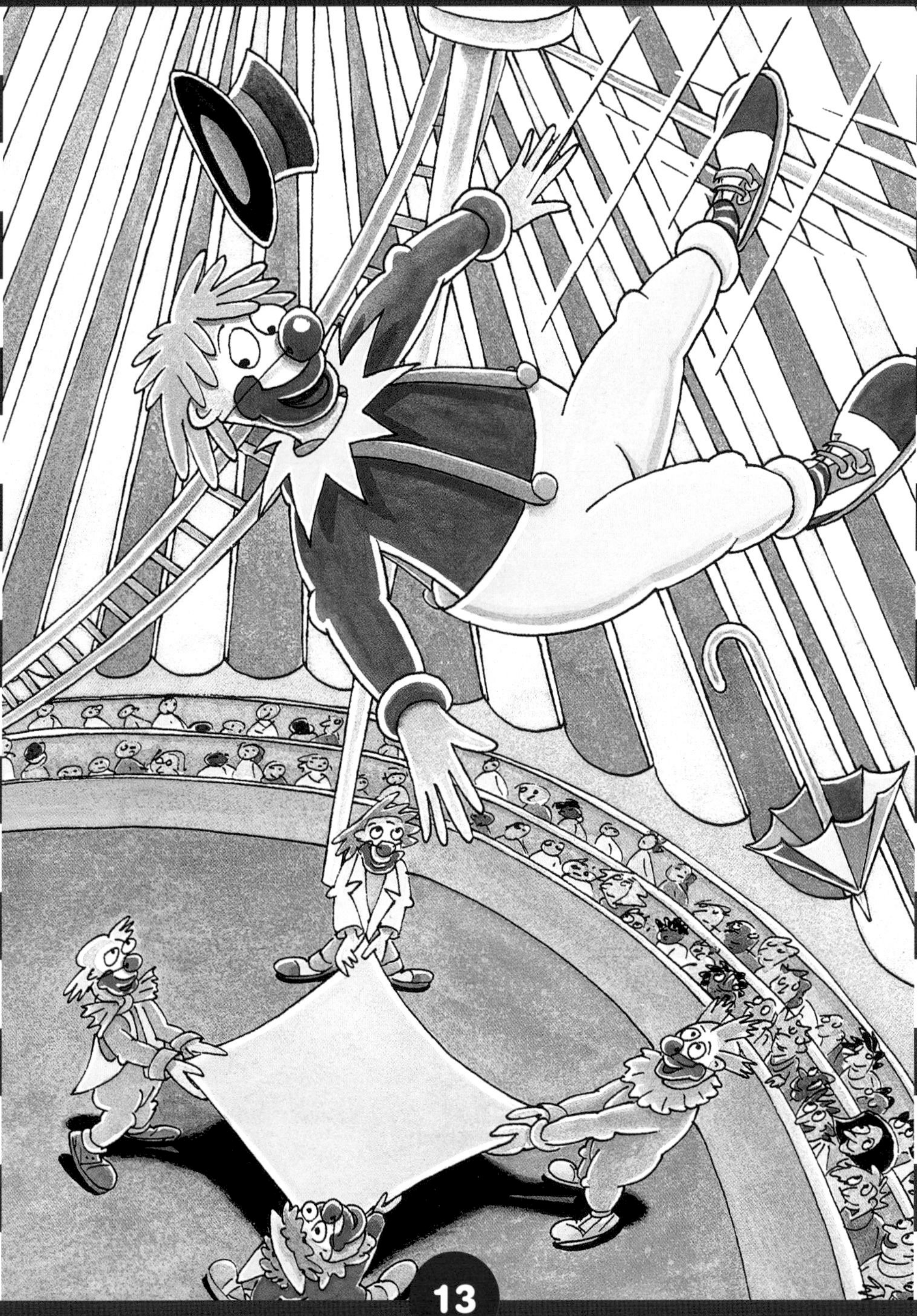

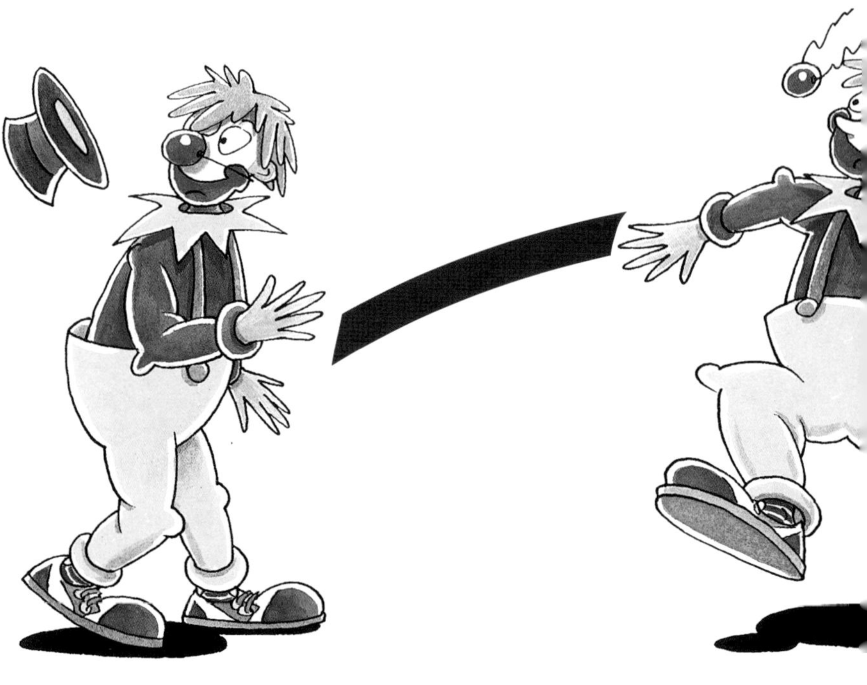

I am falling.

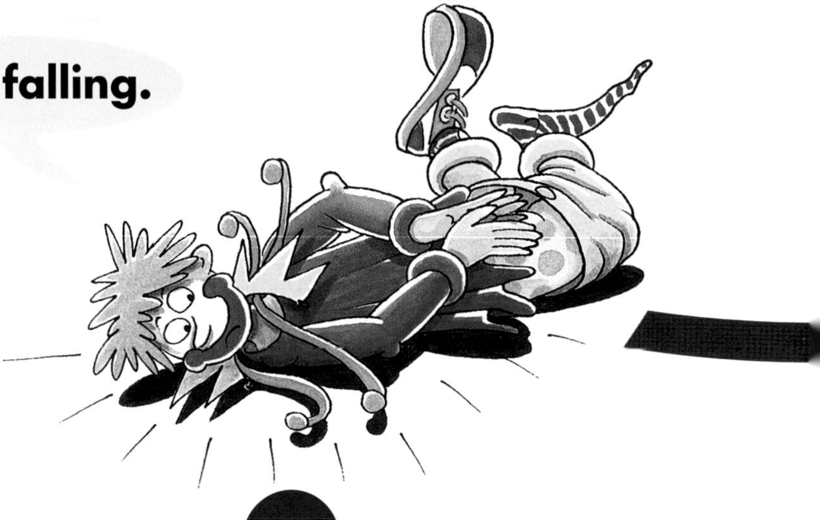

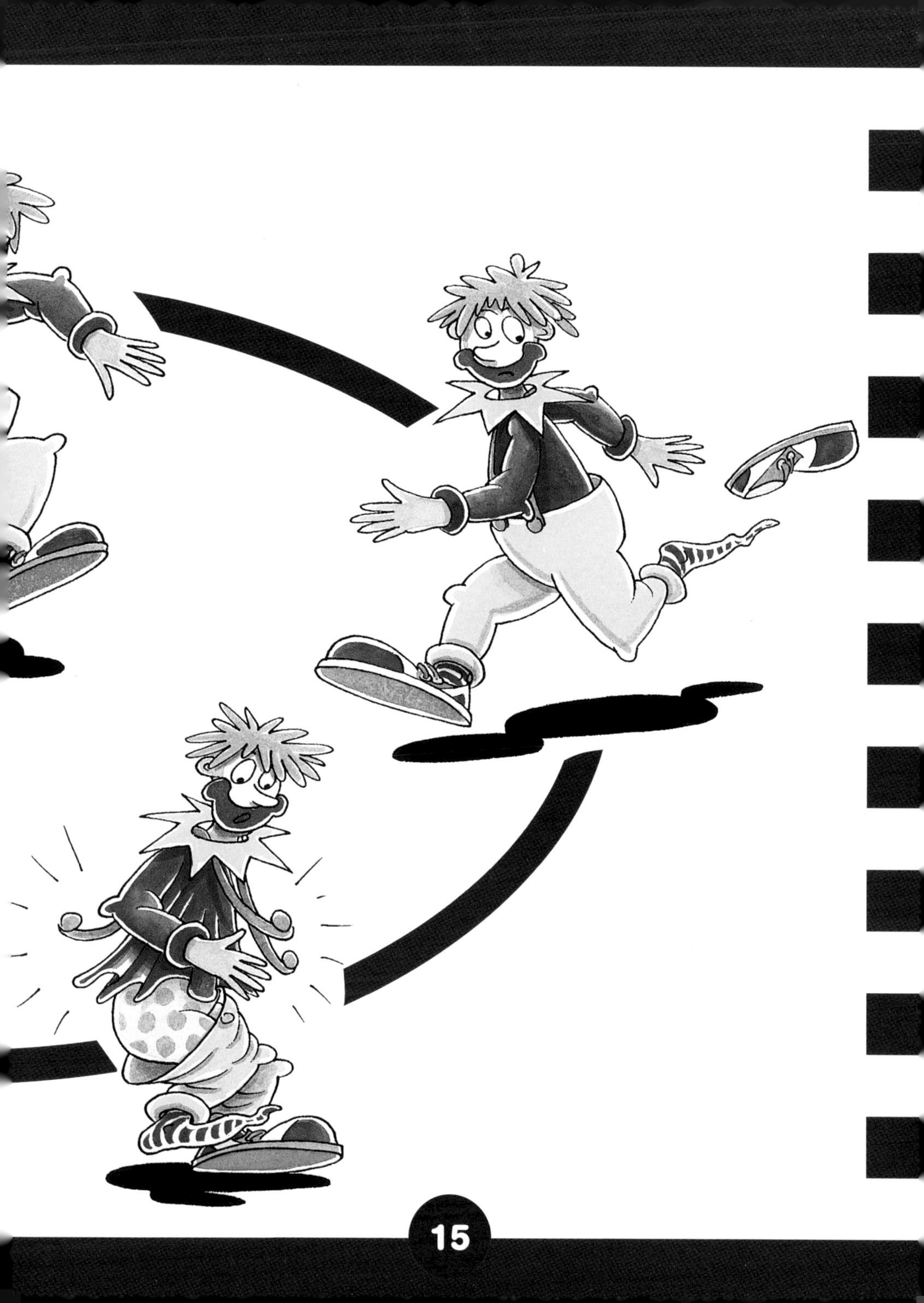

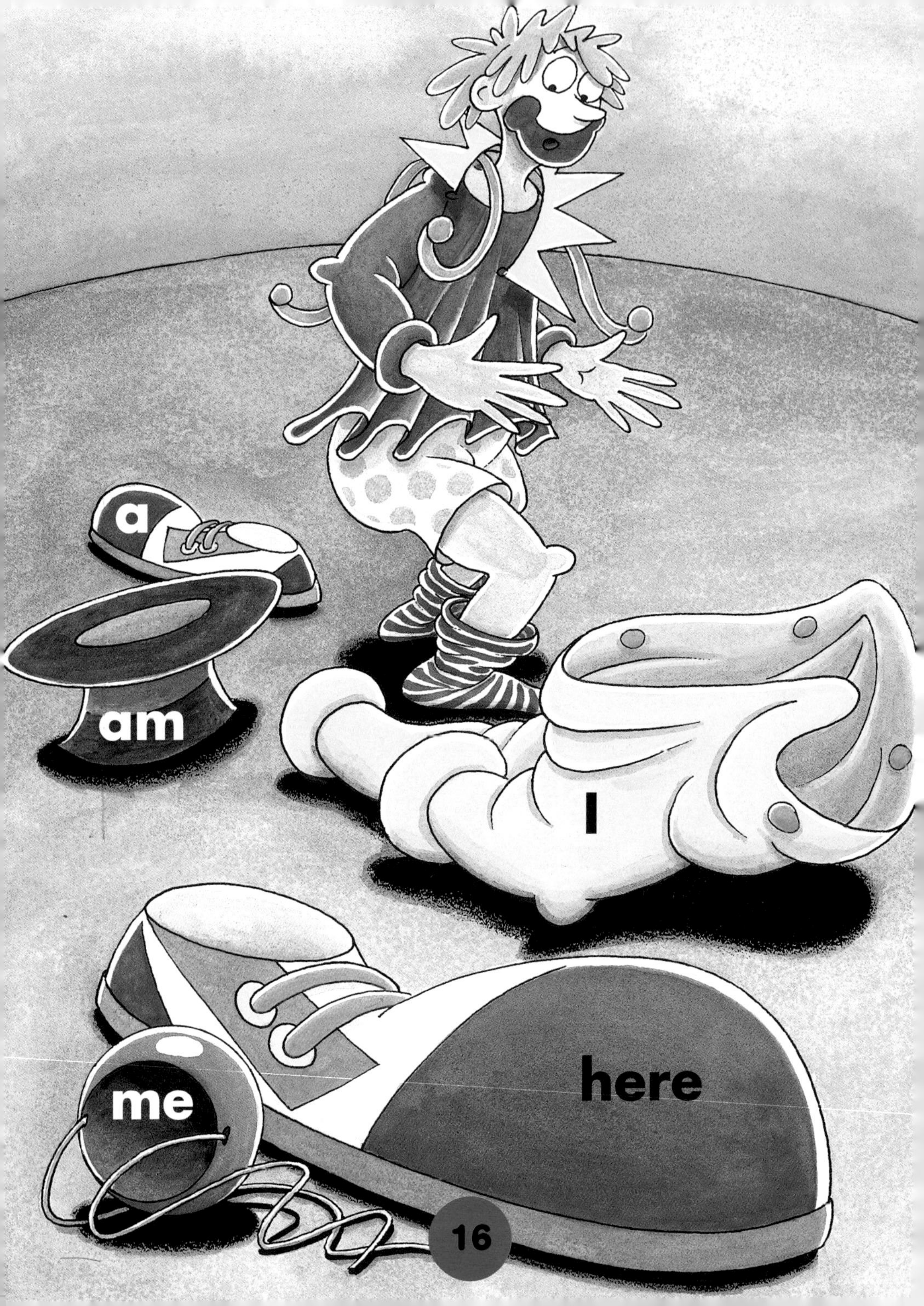
a
am
I
me
here